Johannes Vorlaufer, geboren 1959, studierte Philosophie in Wien und München.

Publikationen u.a.: Das Sein-lassen als Grundvollzug des Daseins. Eine Annäherung an Heideggers Begriff der Gelassenheit, Wien 1994. Von Gründen und Abgründen. Gedichte & Gedanken, Hamburg 2008. zwischenleben und über leben. Gedichte, Hamburg 2009. Personales Selbstsein. Phänomenologische Versuche zum Wesen menschlichen Daseins, Hamburg 2010. Vom Hören. Eine Meditation in XXXVI Sprüchen, Hamburg 2011. Im Anspruch des Anderen. Beiträge zur sozialphilosophischen und ethischen Dimension der Sozialen Arbeit, Aachen 2011. Von der Kostbarkeit des Wortes. Meditationen und Notizen in der Weite des Daseins, Hamburg 2015.

„Wenn es so weitergeht mit Banken und Zeitungen, dann wird die Sprache dieser Menschheit eines Tages im Gelall eines Irrsinnigen enden. Aber Geld verdienen wird man trotzdem [...]."

Ferdinand Ebner, *Wort und Liebe* (1931)

Johannes Vorlaufer

im schatten der eisblumen

versuche im gedicht des lebens

www.tredition.de

© 2021 Johannes Vorlaufer

Verlag & Druck: tredition GmbH, Halenreie 40-44, 22359 Hamburg

ISBN
Paperback: 978-3-347-20695-3
Hardcover: 978-3-347-20696-0
e-Book: 978-3-347-20697-7

Inhalt

Meditation über das Hören der Stille. Unterwegs zu einem Versuch eines Vor-Wortes

Um Worte in ihr Ungesagtes zeigen zu lassen, bedarf es eines Vor-Wortes, das einen Raum öffnet, in dem wir als Hörende sein können und das uns zuvor Hörende werden lässt: Es bedarf eines Vorraumes, in dem unser Horchen sich in ein antwortendes Hören wandeln kann. Es bedarf eines Vorwortes, das nach vor weisend das Wort Wort sein lässt, es nicht zur Information verformt und verstümmelt, sondern in seine Weite und Tiefe hinein freigibt.

Doch wer vermag dies schon? Und worin gründet dieses Vermögen? Vielleicht in einem Mögen? Aber: Mögen wir das Wort überhaupt oder benutzen und verwenden wir Wörter nur, um etwas auszudrücken, etwa um unsere Gefühle oder unseren Willen kundzutun? Je fester wir drücken, so meint man vielfach, desto sagender sei das Ausgedrückte. Doch: Ist dem so? Wohin zeigen unsere Worte, wenn sie ausgedrückte Willensäußerungen, Tauschmittel, Informationskrücken, Positionierungen im Gegeneinander, ein Aufspreizen von Vorstellungen oder Ausdruck eines Inneren sind? Zeigen sie dann in eine Tiefe? Eröffnen sie eine Nähe? Gewähren sie eine Weite? Lassen sie uns die Gegenwart des Gegenwärtigen erfahren? Stiften sie dem Vergangenen eine Zukunft?

„Wenn es so weitergeht mit Banken und Zeitungen, dann wird die Sprache dieser Menschheit eines Tages im Gelall eines Irrsinnigen enden. Aber Geld verdienen wird man trotzdem

[...]."[1] Diesen Aphorismus notiert Ferdinand Ebner 1931. Ist es schon so weit? Tönen wir einander nur an, lallen wir? Hören wir schon ein globales Gelall – Widerhall eines Widerhalls? Max Horkheimer und Theodor W. Adorno zeichneten schon früh das Bild einer „total verwalteten Welt", in der der Fortschritt der Verdummung Mühe hat, mit dem Fortschritt der Technik Schritt zu halten.[2] Zwar versetzt uns heute ein heraufziehender digitaler Totalitarismus in eine Welt des Amusements, der permanenten   Rund-um-die-Uhr-Kommunikation

---

[1] Ferdinand Ebner: Wort und Liebe. Regensburg 1935, 258.
[2] Vgl. Theodor W. Adorno: Minima Moralia. Reflexionen aus dem beschädigten Leben. GS 4, Frankfurt 1980, 158: „Gescheitheit wird ganz unmittelbar zur Dummheit im Angesicht des regressiven Fortschritts." Vgl. dazu auch z.B. Theodor W. Adorno, Max Horkheimer und Eugen Kogon: Die verwaltete Welt oder: Die Krisis des Individuums, in: Max Horkheimer: Nachgelassene Schriften 1949-1972. GS 13, Frankfurt a. Main 1989, 121 ff.

und der alles auf- und ineinander beziehenden Vernetzungen durch eine Industriesprache und gibt vor, einander nahe zu sein, einander zu verstehen und in der Welt heimisch zu sein.

Doch indem das Virtuelle, die Welt verdoppelnd, ihre Dinglichkeit in eine Idealität entwertet, wird unser Welt schal. Und mit ihr werden auch wir selbst seelenlos, verlieren unseren Bezug zum Ganzen und zum Grund. So lässt uns der Digitalismus den Boden verlieren, auf dem stehend wir existieren. Und er lässt uns, unser Leiben nur noch als Last erfahrend, unseren Leib, der vergeblich mit der Dynamik des je immer gleichen Neuen mitzuhalten versucht, negierend vergessen. Seine veraltete Hardware, das Fleisch ist schwach, mag sein Geist noch so willig sein. Gecancelt, weil er nicht upgedatet werden kann, kämpft er um seine verlorene Würde.

Sie aber ist verborgen geborgen in einer Verborgenheit, die keine Schnittstelle zum Getriebe hat. Mag die allgegenwärtig herrschende Wertschätzung mit ihrem Zwang, stets Werte berechnend alles abzuschätzen und zu evaluieren Knechtschaft und Unterwerfung perpetuieren und die Bereitschaft masochistischer Liebe zur Unterwerfung fördern, unsere Würde bleibt der Verrechenbarkeit entzogen. Sie ist uns nur im Entzug gegeben.

Nicht in einem schrillen Netz verblendet-verblendender Sehnsüchte und distanzloser Begegnung, aber auch nicht in der großen Weigerung, sondern in der einsamsten Einsamkeit der stillsten Stille kann es geschehen, dass wir Hörende werden, dass sich uns Wesenhaftes zuspricht. Wenn dies aufblitzend sich ereignet, dass das Ausgegrenzte und nicht Kodifizierte im Entzug, d.h. in einer offenen Gegenwart präsent ist, dann erwacht in der Nähe zu den Dingen auch unsere menschliche Würde. Im östlichen Denken, etwa bei dem bedeutenden Achtsamkeitslehrer Henepola Gunaratana, wird dieses Blitzen in unterschiedlicher Weise erfahren und bedacht. Gunaratana schreibt:

> „Wenn Sie sich irgendeiner Sache erstmals bewusst werden, gibt es einen flüchtigen Moment reiner Bewusstheit, gerade bevor Sie beginnen das Ding begrifflich zu fassen, bevor Sie es identifizieren. [...] In diesem kurzen, blitzartigen geistigen Moment erfahren Sie ein Ding als ein Nicht-Ding."[3]

Gegenwart und Nähe haben wir somit nicht wie einen Gegenstand, aber wir stehen im Zug dieses

---

[3] Henepola Gunaratana: Die Praxis der Achtsamkeit. Eine Einführung in die Vipassana-Meditation. Heidelberg 1996, 149f.

Bezugs, dessen Entzug wir erfahren. In seinem Buch *In der Gegenwart leben* verdeutlicht Gerd Haeffner unsere Fragestellung aus der Erfahrung eines Zuviel an Licht, dass wir, wenn wir einem zu starken Licht ausgesetzt sind, nichts sehen: Die Gegenwart als jenes, was alles Gegenwärtige gegenwärtig sein lässt, ist zwar immer mitgegenwärtig, doch die Gegenwart der Gegenwart selbst zu vernehmen ist vergleichbar einem starken Licht. Gerd Häffner kann daher schreiben:

„Gegenwart kann so unerträglich sein, daß wir uns dadurch vor einer Verletzung schützen, daß wir ihr zu starkes Licht zu brechen versuchen, z.B. durch eine Vermittlung durch die beiden anderen Zeitmodi."[4]

---

[4] Gerd Haeffner: In der Gegenwart leben. Auf der Spur eines Urphänomens. Stuttgart 1996, 147.

Die Gegenwart ist gewissermaßen zu viel für uns, so dass wir gleichsam wegsehen müssen. In seinem posthum veröffentlichten zweiten Hauptwerk *Beiträge zur Philosophie* schreibt Martin Heidegger deshalb davon, dass Gegenwart „aufblitzt"[5]. Dies aber ist nicht nichts, sondern vermag eine Quelle unseres Daseins zu werden, wenn wir uns in dieses Ereignis loslassen und denkend einlassen.

Edmund Husserl spricht in seinen 1905 gehaltenen *Vorlesungen über das innere Zeit-bewußtsein* lapidar vom „stetigen Hervorquellen eines Jetzt, des schöpferischen Zeitpunktes, des Quellpunktes der Zeitstellen überhaupt"[6] und benennt so eine uns tragende Erfahrung, die im

---

[5] Martin Heidegger: Beiträge zur Philosophie (Vom Ereignis). GA 65, Frankfurt am Main 1989, 257.
[6] Edmund Husserl: Vorlesungen zur Phänomenologie des inneren Zeitbewußtseins. Halle 1928, 427.

alltäglichen Umgang mit Zeit vielfach verschüttet ist: Offenbar kann sich uns eine Quelle öffnen, wenn wir uns als Hörende von dem, was ist, ansprechen lassen. Wenn wir dem Anspruch entsprechen und uns von ihm in eine Gegenwart ziehen lassen, die jenseits alles Messens und jenseits aller Vorstellungen von Jetzt-Punkten ist, indem sie quellend Nähe gewährt.

In einem beinahe unheimlichen und rätselhaften Satz spricht Martin Heidegger 1928 in seinem frühen Hauptwerk *Sein und Zeit* von dieser Erfahrung:

„Das Gewissen ruft nur schweigend, das heißt der Ruf kommt aus der Lautlosigkeit der Unheimlichkeit und ruft das aufgerufene

Dasein als still zu werdendes in die Stille seiner selbst zurück."[7]

Dort, wo wir zu uns selbst aufgerufen sind, sind wir in die Stille unserer selbst gerufen, genauer: zurückgerufen. Wohin zieht uns das Schweigen, wenn es uns in eine Stille zieht? In ein Nichts? In eine Leere? In eine Fülle, gar in eine Über-Fülle, ein Zuviel?

Die Stille des Schweigens sucht ganz Ohr zu sein für das Schweigen der Stille: Es gehört der Stille, hörend entspricht das Schweigen dem Anspruch der Stille. Hat Stille etwas zu sagen? Können wir Stille hören? Ist es uns möglich, wie Nietzsche schreibt, das „Schweigen zu hören"[8]?

---

[7] Martin Heidegger: Sein und Zeit. GA 2, Frankfurt am Main 1977, 393.
[8] Friedrich Nietzsche: Zur Genealogie der Moral. KSA 5, München 1980, 270.

Wir bräuchten überaus feine Ohren, die nicht vom rastlos getriebenen Getöse und Getöne zugedröhnt und taub geworden sind, zu stumpf für ein Hören des Ungesagten und Unhörbaren. Wir bräuchten Ohren, die mehr und anderes sind als Werkzeuge zur Lauterfassung. Denn Stille ist nicht messbar: Sie ist nicht einfachhin dort, wo keine, also „null" Schwingungen vorhanden sind, nicht dort, wo die Instrumente keinen Schall anzeigen, sondern dort, wo wir selbst dem Nichts gleich werdend in eine gesammelte Präsenz einkehren. Wenn der heischende Blick identifizierend auf die Menschen und Dinge hinblickt ohne ihren Herblick, der seinen Hinblick ermöglicht, zu achten, so ist dagegen unser Schweigen als ein antwortendes in sich selbst dialogisch. Und deshalb ist unsere Einsamkeit auch kein Alleinsein: In und aus ihr quillt eine Präsenz, d.h. eine Offenheit für die Gegenwart Anderer.

Wenn Heidegger in einem seiner *Schwarzen Hefte* vom Schweigen sagt: „Das echte Schweigen kommt aus der Gelassenheit zur Stille, beruht in deren Wesen, ist aus ihr be-wegt"[9], so bringt er hier Entscheidendes zur Sprache: Schweigen ist be-wegt, d.h. von seinem Anderen, der Stille, auf einen antwortenden Weg geschickt. Wir können nur schweigen, wenn Stille uns anspricht; wir vermögen nur zu schweigen, wenn wir den Anspruch mögen und wenn Stille uns mag. Deshalb ist Schweigen ein Tun, ja eine willentliche Entscheidung, zugleich aber auch ein Nichttun. Indem es sich loslassend sich einlässt auf den Bezug zu dem was ist, indem es hörend den Grund unseres Daseins berührt, trägt es mit all seiner Verletzlichkeit eine Zartheit in die Welt der Machwerke, diese verwandelnd.

---

[9] Martin Heidegger: Vigiliae und Notturno. (Schwarze Hefte 1952/53 - 1957). GA 100, Frankfurt am Main 2020, 28.

Auf dem Weg in ein hörendes Denken notiert Ferdinand Ebner in seinem Tagebuch:

„Lernt nicht gerade derjenige, der einmal daraufgekommen ist, wieviel der Mensch vom Leben zu lernen, wieviel es ihm zu sagen habe, das Schweigen? Sterben wirklich die meisten Menschen, ohne gelebt, ohne das Leben in seiner Tiefe gelebt zu haben? Der Mensch lernt vom Leben das Schweigen, und umso besser lernt er es, je mehr ihm das Leben zu sagen hat."[10]

---

[10] Ferdinand Ebner: Das Wort ist der Weg. Aus den Tagebüchern von Ferdinand Ebner. Hg. v. Hildegard Jone, Wien 1949, 93.

versuche im gedicht des lebens

verrechnet

haben wir uns getäuscht?

unsere freundschaften:

geplant

durchdacht

gut investiert

auch das unvorhergesehene

eingeplant

sogar das ende

vorgesehen

alles im griff

nur die freundschaft nicht.

am grunde

am grunde

des du

bist du

darfst du:

sein

geschehnis

des gegenüber seins

geschick

der begegnung

freude

dass du

da bist

dass du:

bist

berührender abgrund

eines

unscheinbaren dass.

wortloses wort

wenn

das wort

den wörtern

sich entzieht

und

die wörter

wortlos sind

wenn

das wort selbst

wortlos ist

im anspruch

der stille

des schweigens

trunken

von untrinkbarem licht

beginnen wir

zu horchen.

worthüllen

wenn

worthüllen

zerbrechen

gefügt durch rechnen

dann

mag im wort

sich lichten

ein geschenk des grundes

aus einem unnennbaren

quell

wortlos.

nicht mehr gemessen

erst wenn

die zeit

nicht mehr gemessen

erst wenn

das du

nicht mehr bewertet

vom wert

nicht mehr verrechnet

der andere

nicht mehr geschätzt

leuchtet

im nichts

des rechnens

und bewertens

ein mehr:

ein dass der fülle

kostbarkeit dessen was ist.

die gabe

ein

zuviel der gabe

waltet

in jedem jetzt

flucht

vor der gabe

des jetzt

stimmt

unser dasein

je

jetzt.

worte, die nicht zeigen

worte

die nicht zeigen

die nichts zeigen

auf der suche

unterwegs

sätze

die nicht springen

verharren

unbewegt

sprung

satz.

auf dem grunde der einsamkeit

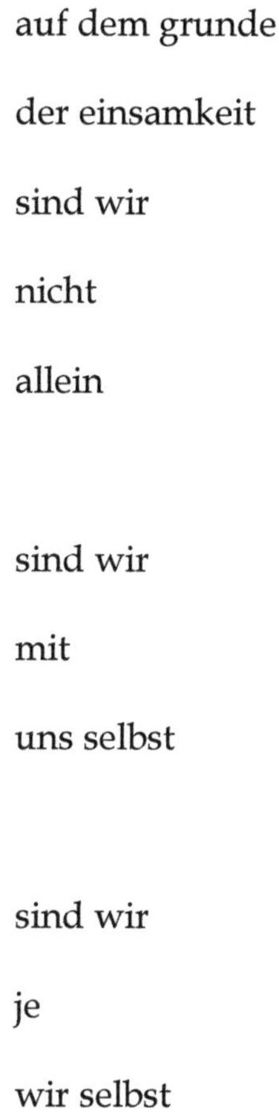

auf dem grunde

der einsamkeit

sind wir

nicht

allein

sind wir

mit

uns selbst

sind wir

je

wir selbst

haben wir

je

uns selbst

empfangen

gegeben

als

du des grundes.

im getriebe der wörter

zerrieben

zerzaust

begraben

gelall überall

betörend

laut

informativ

eine welle

die

über uns

sich bricht

die uns bricht

wortfetzen

fliegen durch die luft

zerfetzt

entsetzt

verletzt

tönen sie uns an

dröhnen sie uns zu.

einsamkeit des grundes

der grund:

grundlos

ohne weil

ungründig

nichtend

den blick

verweigernd

den abgrund

haltlos

einsam

hoffend auf ein anderes

erblickend ergründetes

vom grund der einsamkeit

blühend:

blinzelnd ins licht.

menschengesichter

menschen

gesichter

starren erstarrt

erschrocken erschreckend

eine traurigkeit

durchzieht

die gesichter

der menschen

das ganze

im angesicht

des ganzen

das offene

im geschlossenen

der blick

der erblickten

vom blitz

jäh getroffenen.

wach

die wachheit

der nacht

wachsam

horchend

auf einen grund

zu sein

horchend

ins nichts

dass es sich

öffne

dass

die tiefe der nacht

behüte

das offene des tages.

des morgens

finstere augen

beleuchtet

vom dunkel der nacht

unterwegs

in die helle des tages

verdunkelt vom licht

schwankend

auf unsicherem boden

hinaus in die welt

schwankend.

wortlos spricht uns die sprache an

wortlos

spricht uns

die sprache

an

schweigend

im wortlosen

erfüllt von stille

ruhend in ruhe.

im schatten der eisblumen

die blumen

im schatten

der eisblumen

blühen im eis

des schattens

der blumen

das wunder des blühens

im sich öffnen

der blüte

ist

geborgenes

verborgen.

am ende der strasse

am ende

der strasse

wo

der feldweg

anfängt

umfängt uns

ein anderes licht

ganz zart

blühen blumen

und sagen

dass anderes

scheint

als das grelle

das das dunkel bekämpft

und im gleissenden licht

keinen schatten sich gönnt.

in der hoffnung

in der hoffnung

des seins

sind wir

umkränzt

hoffend

erhoffend

wir selbst

zu werden.

bleiben

im blick

behalten

bleiben im werden

halt im blick

des du.

nichts im ohr

nichts

im ohr

haben

ganz ohr

sein

leibhafte

präsenz

präsenz

unseres leibens.

nichts: tun

das nichts der gelassenheit:

nichts: tun

alles: lassen

höchstes tun:

unser gelassensein im nichts lassen

sich dem nichts: öffnen

aus dem nichts: tun

gelassenheit im nichts

die sich uns

gibt

die uns uns

gibt:

52

nähe in der ferne

ruhe im wort

unser tun:

nichts tun:

die gabe gegeben sein lassen.

ohne halt

haltlos

frei im offenen

offen im freien

freie existenz

die

sich selbst

wählen muss

die

sich selbst

aushalten muss

im haltlosen.

mitleid

mitleid

sind wir

los geworden

sympathie

ist uns

verloren

gegangen.

freude

freude

könnte sein

im gegenüber

wenn uns die nähe

nahe kommt

wenn uns nähe

berührt

spricht

aus der ferne.

erschrecken

erschrecken:

wenn uns dinge nahe kommen

erschrecken:

wenn menschen in eine ferne entfliehen

erschrecken:

wenn uns nichts mehr angeht

erschrecken:

wenn unsere worte nicht mehr klingen

erschrecken:

wenn unser ohr gehörlos wird

erschrecken:

wenn im betrieb der kommunikation

wir nichts mehr hören

wenn

wir kein gespräch mehr sind

wir einander fehlen.

räume werden leer

räume werden

leer

räume räumen

nicht mehr ein

ein dasein

für einander.

hören wir noch?

hören wir

noch

die schreie der menschen

das klagen der tiere

die tränen der nacht

hören wir

noch

was nur wir menschen hören können

dass in freude und angst

in trauer und hoffnung

in jubel und spiel

in tod und geburt

eine seltsame

tiefe

sich uns

öffnet?

stille

stille

nichts weiter

als ein bisschen nichts

das uns wieder atmen lässt

das uns wieder gedanken denken lässt

das uns wieder öffnet

das wieder worte hören lässt

das fernes

in eine nähe

ruft

weiter nichts

als eine fülle

die als überfülle

zu viel

für uns

ist.

schweigen

das andere

des verstummens

ein können

und doch

kein können

gelernt

und doch

nicht gelernt

schweigen:

sich

in die stille

ziehen lassen

schweigen:

stille

still sein

lassen.

von der kälte

von der kälte des universums

berührt

schaudern

wir

in die zukunft

vor der zukunft

erschaudern wir.

zartheit

utopisch ist sie

kein platz

kein ort

keine zeit

oder doch?

wo wir stille hören

öffnen sich die dinge

werden wir frei

für das andere

offen

für horizonte

der existenz

existieren wir

als ortschaft

einer gegenwart

für die anderen.

im schatten

wir sind:

schatten eines schattens

und doch

in der helle

eines offenen

eines anderen.

hören des anderen

den anderen hören

den anderen

in seinem anderssein hören

das anderssein

des anderen hören

anders hören

anders

ganz anders

ganz.

namenlos

ohne

begriff:

begriffslos

ungeordnet

nicht

untergeordnet

einer vorgestelltheit.

unersättlichkeit

die gier

nach leben

giert

unersättlich

gieren

dem wollen gefügig

gieren

vom haben gehabt.

freude

worin wir sind

sie umfasst

unsere traurigkeit

sie trägt

über den abgrund

sie singt

den gesang des lebens:

dass wir sind:

trotz allem.

der atem

er ist

wo wir sind

er holt uns ein

zu uns selbst

er lässt

uns los in

die tiefe

die wir sind.

liebend leiben

lieben

leiben

den leib lieben

die liebe leiben

liebend leiben

leibend lieben

den leib schonen

die liebe schonen

lieben.

zweifel

zwiefalt

des zweifelns

einfalt

des denkens

verzweifelte

zwiefalt

fügende

einfalt

entfaltend das ganze.

ganz anders

es gibt menschen

in deren

nähe

alles verdorrt

es gibt menschen

in deren

nähe

alles erblüht

ganz anders

nähert

die nähe

des einen

und

fernt

die nähe

des anderen.

im un

im unendlichen das endliche

im endlichen das unendliche

im un

das nicht des anderen

das un

öffnend

das ganze

das ganze

eröffnet

im un.

dass du da bist

in den unendlichen

weiten

in den unendlichen

tiefen

in den unendlichen

höhen

in den unendlichen

zeiten

jetzt

hier

bist Du da

in Deiner

endlichkeit

eingeschränkt

im jetzt

im hier

offenbarend

das andere.

zählt nicht

zahlen

was zählt

was rechnet sich

be-rechnet

be-rechtigt

be-richtigt

richtig

recht.

leiben

wurzel

verwurzelt

leben:

verwurzelt im dunkel der tiefe

geöffnet dem lichten der höhe

verdichtet.

grund des abgrundes

nichts ist grundlos

grundlos ist nichts

abgründig grundlos

so sind wir

weil der grund

sich weg gibt

weil der grund

uns weg gibt

uns

uns

gibt.

vom vergessen

versinken

ins nichts

das versunkene nichts

das vergessene nichts

das vernichtete nichts

das nichtige nichts

das nichtige nichten

hinabgesunken auf den

grund des nichts

nichts des grundes

das vergessen vergessen.

vom ertragen

einander

hinübertragen

in unser über

austragen

wegtragen

durchtragen

einander

tragend

durch einander sein.

geben

wir können

uns

einander

geben

die gabe

des dass

einander

geben

im reichen der hände

für einander

da sein

was für ein können.

Vom Blühen der Blumen und vom Atem des Lebens. Ein fragendes Nachwort

Eine gewöhnliche Begebenheit, die sich ungezählte Male wiederholt und in ihrer Schlichtheit leicht zu übersehen ist: das Blühen der Blumen. Zwar erfreuen wir uns der schlichten Pracht blühender Blumen, doch erfahren wir ihr Blühen? Betrifft und berührt uns ihre Schönheit? Verwandelt sie unseren Bezug zur Welt? Gibt sie uns zu denken? Oder genießen wir ihre Ästhetik und das Zusammenspiel der Farben?

Warum aber schreibt Martin Heidegger den ebenso leicht zu überlesenden Satz: „Nur selten blühen Rosen."[11]? Warum sollten Rosen nur selten blühen, wo wir doch blühende Rosen in jedem Supermarkt kaufen können und das Geschäftstreiben dafür sorgt, dass der Bestand blühender Rosen sichergestellt und für ständigen Nachschub gesorgt wird?

Was ist jenes Über, das uns übersehen, überhören, überlesen lässt? Es könnte sein: Wir über-sehen den blühenden Anblick, den Rosen uns schenken und über-hören ihren An-Spruch, den sie uns zumuten. Zumeist sehen wir über sie hin-weg: Ist unser Hinsehen zugleich ein Wegsehen, weil es den An-Blick nur erträgt, indem es ihn in einen Über-Blick verwandelt?

Schenkt uns jemand blühende Rosen, so mag in dieser vielleicht unerwarteten Gabe ihr Blühen uns

---

[11] Martin Heidegger: Über den Anfang. GA 70, Frankfurt am Main 2005,117.

so gegenwärtig sein, dass wir die Fülle und die Tiefe ihrer Schönheit nur wortlos vernehmen können. In dieser wortlosen Präsenz scheinen sich Vergangenheit und Zukunft zu berühren. Zumeist ist uns diese abgrundtiefe Pracht nur augenblicklich gegeben, und die blühenden Blumen verwandeln sich jäh in einen Gegenstand, z.B. in ein Geburtstagsgeschenk, in einen Liebesbeweis, in einen ästhetischen Genuss oder einfach in Pflanzen, die Wasser benötigen. Es braucht daher gar keinen Chemiker, Botaniker oder Gärtner, der die blühenden Blumen in ein Forschungsobjekt oder in ein botanisches Exemplar verwandelt.

So aber wandelt sich das Blühen in seinem Gegenüber zu uns in ein uns Gegenüber-Stehendes, einen Gegenstand. Dann finden wir wieder Worte und können über die Blumen und ihr Blühen sprechen wie über uns bekannte Dinge.

Damit entschwinden blühende Rosen in ein Allgemeines. Über dies Bekannte können wir dann ein Urteil fällen und es so in unsere Welt einordnen. Aus einem Unscheinbaren, Unbekannten, Überwältigenden und uns Berührenden wird so ein Vertrautes, ein Ding unter vielen, und in der modernen Gesellschaft: eine Ware. Der Preis der Ware macht sie dann noch allgemeiner, tauschbarer und auswechselbarer. Indem der Preis sie bewertet, werden sie zu einer abstrakten Zahl, kompatibel einem rechnenden Denken. Deshalb etwa können wir auch Geschenke umtauschen und gegen andere eintauschen. Und Geldgeschenke vereinfachen diesen Tauschprozess noch, allerdings müssen wir zur Vermeidung von Ungleichgewichten vorausplanend darauf achten, die Höhe des geschenkten Geldwerts nach dem einzuschätzen, wie viel wir voraussichtlich zurückgeschenkt bekommen werden.

Noch unscheinbarer als Rosen blühen nur noch die Blumen der Kälte. Eisblumen blühen in Eiswüsten, und sie blühen auf ihre eigene Weise. Sie sind nicht hergestellt, sind kein Gemächte unseres Wollens, haben zumeist nur einen kurzen Bestand und sind dennoch: schön. Die Schatten, die sie werfen, sind so fein, dass sie sich unserem Auge entziehen. Sie werden zumeist übersehen und sind doch da.

Ist auch unsere eigene Existenz im Bilde von Eisblumen zu sehen? Werden auch wir zu zarten Gebilden, oder erstarren und verhärten wir zu einer Härte, die sich in sich verschließt? Werfen auch wir Schatten, die nur wenige sehen und die dennoch in ihrer Schönheit von einem Anderen künden? Oder aber sind wir selbst Schattenwesen: beschattet vom Schatten der Eisblumen, unscheinbarer als das Unscheinbare? Zarter als das Zarte? Zärtlich die Eisblumen schonend, damit uns ihr

Schatten bergend schütze und ein neues Blühen aufgehe? Über Zartheit schrieb Adorno in seinen *Minima Moralia*: „Zartheit zwischen Menschen ist nichts anderes als das Bewußtsein von der Möglichkeit zweckfreier Beziehungen, das noch die Zweckverhafteten tröstlich streift."[12] Ein Trösten, das uns als Menschen gestattet ist, ein Vermögen, das uns möglich ist, wenn wir Zärtlichkeit mögen: Zärtlichkeit jenseits romantischer Verklärtheit, wie sie von Isabella Guanzini als humaner Anspruch zu denken versucht wird.[13]

Im Unscheinbaren, im Nichthergestellten, im Übersehenen, im Überhörten, in der abgründigen Tiefe der Stille und in der unfassbaren Weite der

---

[12] Theodor W.Adorno: Minima Moralia. Reflexionen aus dem beschädigten Leben. GS 4, Frankfurt 1980, 45.
[13] Vgl. Isabella Guanzini: Zärtlichkeit. Eine Philosophie der sanften Macht. München 2019.

Zeit keimen Eisblumen ebenso wie unsere Gedanken. In ihnen aber waltet ein tragender und zu ertragender Bezug zu allem was ist, sogar zum Nichts. Dieses zeigt sich einem Denken der Stille: je und je, oftmals in einer Jähe. In Friedrich Nietzsches *Zarathustra* steht deshalb der merkwürdige Satz: „Die stillsten Worte sind es, welche den Sturm bringen. Gedanken, die mit Taubenfüssen kommen, lenken die Welt."[14] Den stillsten Worten öffnet sich ein Abgrund, der uns trägt. Und in seinem uns tragenden Gründen uns eine Welt schenkt.

Im Verborgenen entbirgt sich, was ans Licht kommen will: Wenn sich aus der Starre einer erkalteten Welt im Denken ein Weg eröffnet, wenn uns etwas so nahe geht, dass wir uns ihm entfernen, indem wir es in eine Ferne lassen, dann

---

[14] Friedrich Nietzsche: Also sprach Zarathustra. KSA 4, München 1980, 189.

strömt ein lebendiger Atem durch unser Dasein. Überlassen wir uns ihm, so lassen wir uns los in einen grundlosen Grund. In diesem überlassenden Loslassen erfahren wir uns so eingelassen in den Atem des Lebens als einen Tragenden und Versammelnden, der die Ferne nähert und die Nähe fernt. Der uns bei Dingen und mit Menschen sein lässt und unser alltägliches Nebeneinander und Gegeneinander in ein Zueinander zu verwandeln vermag und Nähe stiftet. Die Erfahrung von Nähe können wir nur vorbereiten, indem wir dieses Nähern zulassen. Das Zulassen von Nähe aber könnte ein Fernen sein. Atmen ist das Geschehen des Loslassens und Einlassens. Und so ein sich dem Offenen öffnendes Zulassen von Gegenwart und Nähe. Im Atem sind wir uns selbst gegeben. Atmen: Leibhaftiges Vernehmen eines Grundes.

In seltenen Augenblicken verdichtet sich unser Atem zur Lebendigkeit des Lebens. Und sucht das Wort, das im Gedicht des Lebens zu Wort kommen will. Gedichte – keine Machenschaft: Ein Tun und doch kein Tun. Ein Sagen und doch kein Sagen. Ein Verstummen und doch kein Verstummen. Ein Schweigen und doch ein Sagen. Gedichte werden nicht geschrieben, sie lassen sich schreiben. Wollen sie geschrieben werden?